Ex libris

Schimel, Lawrence, 1971-
    ¿Lees un libro conmigo? / Lawrence Schimel ; ilustraciones
Sara Rojo Pérez. — Bogotá : Panamericana Editorial, 2005.
    32 p.: il. ; 22 cm. — (Sueños de papel)
    ISBN 978-958-30-1913-5
    1. Cuentos infantiles estadounidenses 2. Libros y lectura –
Cuentos infantiles I. Rojo Pérez, Sara, il II. Tít. III. Serie.
I813.5 cd 19 ed.
AJE6417

    CEP-Banco de la República-Biblioteca Luis Ángel Arango

¿Lees un libro conmigo?

Editor
Panamericana Editorial Ltda.

Dirección editorial
Conrado Zuluaga

Diagramación y diseño de carátula
Diego Martínez Celis

Segunda reimpresión, abril de 2010
Primera edición, octubre de 2005

© del texto: Lawrence Schimel
© de las ilustraciones: Sara Rojo Pérez
© Panamericana Editorial Ltda.
Calle 12 No. 34-30. Tels.: (57 1) 3603077 - 2770100
Fax: (57 1) 2373805
www.panamericanaeditorial.com
Bogotá D.C., Colombia

ISBN 978-958-30-1913-5

Impreso por Panamericana Formas e Impresos S. A.
Calle 65 No. 95-28. Tels.: (57 1) 4302110 - 4300355
Fax: (57 1) 2763008
Quien sólo actúa como impresor.
Bogotá D.C., Colombia

Impreso en Colombia   Printed in Colombia

¿Lees un libro conmigo?

Laurence Schimel

Ilustraciones

Sara Rojo Pérez

SUEÑOS
DE PAPEL

PANAMERICANA
EDITORIAL

Antonio ya sabía leer por sí mismo
pero quería compartirlo con alguien.
Tomó su libro favorito y fue a buscar
a alguien que leyera con él.

Antonio preguntó a su madre:

—¿Lees un libro conmigo?

—Ahora no puedo, estoy ocupada —contestó su madre—. Pero esta noche leeremos juntos.

Antonio salió a la calle.
Había un hombre muy viejo
sentado en el banco frente a
su casa. Pero como era ciego,
Antonio no le preguntó si
quería leer el libro con él.

Antonio entró en la tienda que había cerca
de su casa y preguntó al panadero:
—¿Lees un libro conmigo?

PANADERÍA LOLi

—Ahora no puedo, estoy trabajando —contestó el panadero—.
Pero si me ayudas a amasar el pan, luego leo contigo.
—Tengo miedo que mi libro se ensucie —dijo Antonio,
y salió otra vez a la calle.

Antonio preguntó a la mujer de la frutería:

—¿Lees un libro conmigo?

—Ahora no puedo, hay mucha gente esperando
en la fila —le contestó.

—Pues igual, vuelvo más tarde —respondió Antonio,
y salió otra vez a la calle.

En ese momento pasó el cartero
y Antonio le preguntó:
—¿Lees un libro conmigo?

—Ahora no puedo,
estoy trabajando —contestó él—.
Pero si me ayudas a entregar
estas cartas, luego leo contigo.
—No puedo irme tan lejos
de mi casa —dijo Antonio.

Cuando Antonio vio a la mujer del kiosko pensó:
"¡Con tantos periódicos, seguro le gusta leer!"
—¿Lees un libro conmigo? —Antonio le preguntó.

—Ahora no puedo, estoy trabajando —le contestó—.
Pero si me ayudas a ordenar estas revistas,
luego leo contigo.
—Pero no alcanzo a las estanterías —dijo Antonio.

Antonio ya había intentado en todas las tiendas
de su calle.

—¡Todo el mundo está ocupado! —Antonio se quejó.

—No estés triste, joven —sonó una voz detrás de él.

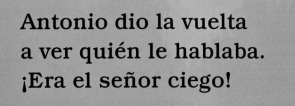

Antonio dio la vuelta
a ver quién le hablaba.
¡Era el señor ciego!

—¿Cómo me puedes ver?—le preguntó Antonio.
—No te puedo ver —contestó el hombre—.
Pero te puedo escuchar.
Acércate, por favor,
te quiero pedir algo.

Antonio se acercó y se sentó
a su lado en el banco.

—¿Qué quieres? —le preguntó.
—Es que nadie tiene tiempo
para mi tampoco —contestó el viejo—.
Te quería pedir que hables conmigo un rato.
Cuéntame alguna historia.

Muy feliz, Antonio abrió su libro
por la primera página
y empezó a leerle la historia.

fin

P P
Y G g M m h e W w a
T t y T t p P q Q q P D d
V v U S s R B b a C c
Z z e F f L l r Ñ E
b W I h
V v g
U c
ñ
u E R r A a E C
L l Z z L l